Söhnke Callsen wurde 1985 in Reinbek bei Hamburg geboren. Er studierte Germanistik und Politikwissenschaft. Nach seinem Volontariat bei der Deutschen Presse-Agentur war er unter anderem als Kindernachrichten-Redakteur in Berlin tätig. Er arbeitet als Journalist und Autor in Hamburg. Mobil ist er am liebsten auf dem Wasser – mit dem Segelboot oder Surfbrett.

Lena Steffinger wurde 1989 in Stuttgart geboren. Nach ihrem Psychologiestudium setzte sich die Liebe zu Buntstiften doch durch und sie schloss ein Studium der Illustration und des Grafischen Erzählens in Hamburg und Bologna an. Sie lebt und arbeitet in Hamburg, wo sie Bücher für Kinder und Erwachsene schreibt und illustriert.

Dieses Buch wurde umweltfreundlich ausgestattet. Es verzichtet auf eine Folienkaschierung und wurde mit mineralölfreien Cradle-to-Cradle-zertifizierten Druckfarben auf 100%-Recyclingpapier gedruckt.

Dieses Buch ist erhältlich als:
ISBN 978-3-407-75651-0 Print

© 2022 Beltz & Gelberg
in der Verlagsgruppe Beltz · Weinheim Basel
Werderstraße 10, 69469 Weinheim
Alle Rechte vorbehalten
Einbandgestaltung und Illustration: Lena Steffinger
Lektorat: Matthea Dörrich
Fachlektorat: Kristina Scharmacher-Schreiber
Fachberatung: Sebastian Koch
Neue Rechtschreibung
Herstellung: Elisabeth Werner
Druck und Bindung: Beltz Grafische Betriebe, Bad Langensalza
Beltz Grafische Betriebe ist ein klimaneutrales Unternehmen
(ID 15985-2104-100).
Printed in Germany
1 2 3 4 5   26 25 24 23 22

Weitere Informationen zu unseren Autor_innen und Titeln finden Sie unter:
www.beltz.de

Söhnke Callsen
Lena Steffinger

ALLES IN BEWEGUNG

Wie wir von A nach B und
die Dinge zu uns kommen

BELTZ
& Gelberg

WIR SIND STÄNDIG IN BEWEGUNG. Das fängt schon morgens an, direkt nach dem Aufwachen. Erst ist es vielleicht nur der große Zeh, dann wird ein Bein aus dem Bett geschwungen und schließlich stehen wir auf. Zunächst geht es Richtung Badezimmer, später zum Frühstückstisch.

Aber dann geht die Bewegung erst richtig los. Viele Kinder gehen zu Fuß zur Schule oder nehmen das Fahrrad. Manche werden auch von Mama oder Papa mit dem Auto gefahren und wieder andere nehmen den Bus oder die Bahn.

Am Nachmittag sausen wir vielleicht mit dem Roller zu Freunden zum Spielen, mit den Inlineskates zur Eisdiele oder mit dem Fahrrad ins Schwimmbad.

Vielleicht muss abends auch noch der Hund Gassi geführt oder der Müll rausgebracht werden?

WARUM BEWEGEN WIR MENSCHEN UNS SO VIEL?
Ein Grund ist natürlich, dass wir von einem Ort zum anderen gelangen wollen – und das möglichst schnell. Von zu Hause zur Schule oder zur Arbeit, ins Kino, zum Sportverein oder vielleicht von der Stadt raus ins Grüne. Jeder Mensch in Deutschland legt pro Tag ungefähr 40 Kilometer zurück.

DAS IST JA FAST SO LANG WIE DIE STRECKE EINES MARATHONS!

Wir sind also sehr mobil. Das Wort mobil kommt aus dem Lateinischen. Übersetzt heißt es: beweglich.

In Großstädten benutzen die Menschen gern öffentliche Verkehrsmittel. Aber auch das Fahrrad wird dort immer beliebter. Denn in großen Städten kommt man mit Autos oft nicht besonders schnell voran. Man steht im Stau oder an der roten Ampel. Oder man muss lange nach einem freien Parkplatz suchen. Zusammengerechnet legen die Menschen in Deutschland mehr als 3 Milliarden Kilometer pro Tag zurück, – etwa drei Viertel davon mit dem Auto.

In kleinen Dörfern oder auf dem Land wird besonders viel Auto gefahren, um ans Ziel zu kommen. Dort gibt es weniger Busse und Bahnen als in der Stadt und sie fahren nicht so häufig. Gleichzeitig sind die Wege zur Schule oder zum Einkaufen oft weiter.

Für die vielen Wege, die wir Menschen zurücklegen, benutzen wir auch ziemlich viele Fahrzeuge. In Deutschland leben über 83 Millionen Einwohner. Manche wohnen alleine, andere zu zweit oder als Familie zusammen. Insgesamt gibt es rund 42 Millionen Haushalte.

Um in den Urlaub zu fahren, nutzen die Menschen in Deutschland am häufigsten das Auto. Vermutlich finden sie es besonders praktisch. Man kann losfahren, wann man will, unterwegs anhalten und hat seine persönlichen Sachen immer dabei.

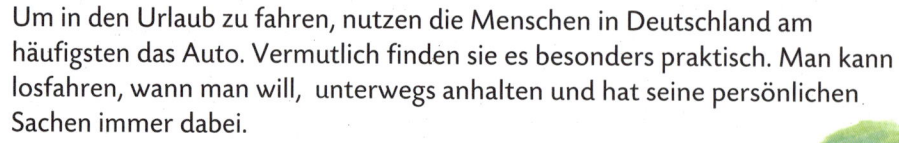

Fast genauso häufig wird das Flugzeug genutzt. Das geht bei weiten Strecken natürlich besonders schnell. Nur sehr selten steigen die Leute in Fernbusse oder Schnellzüge, um an ihren Urlaubsort zu kommen.

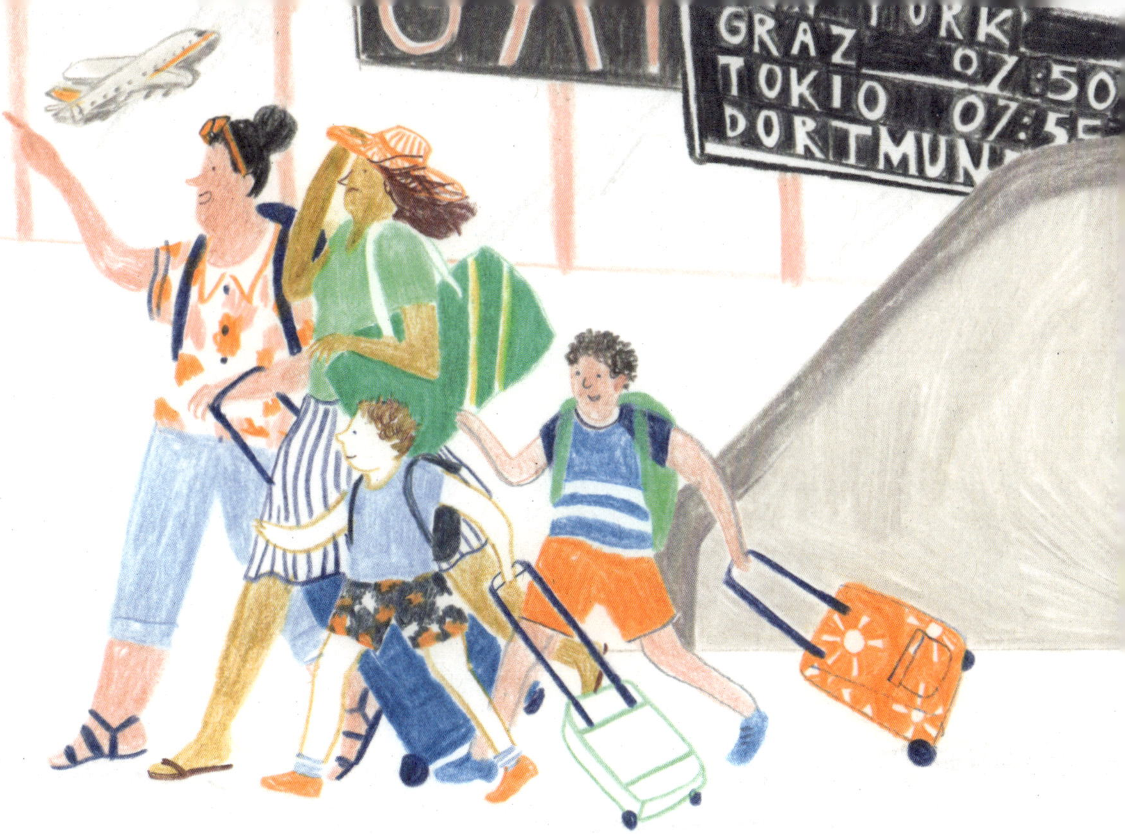

Für die Umwelt sind Reisen mit Fernbus und Bahn viel besser. Im Schnitt wird beim Autofahren 5-mal so viel CO_2 ausgestoßen, beim Fliegen 7-mal so viel.

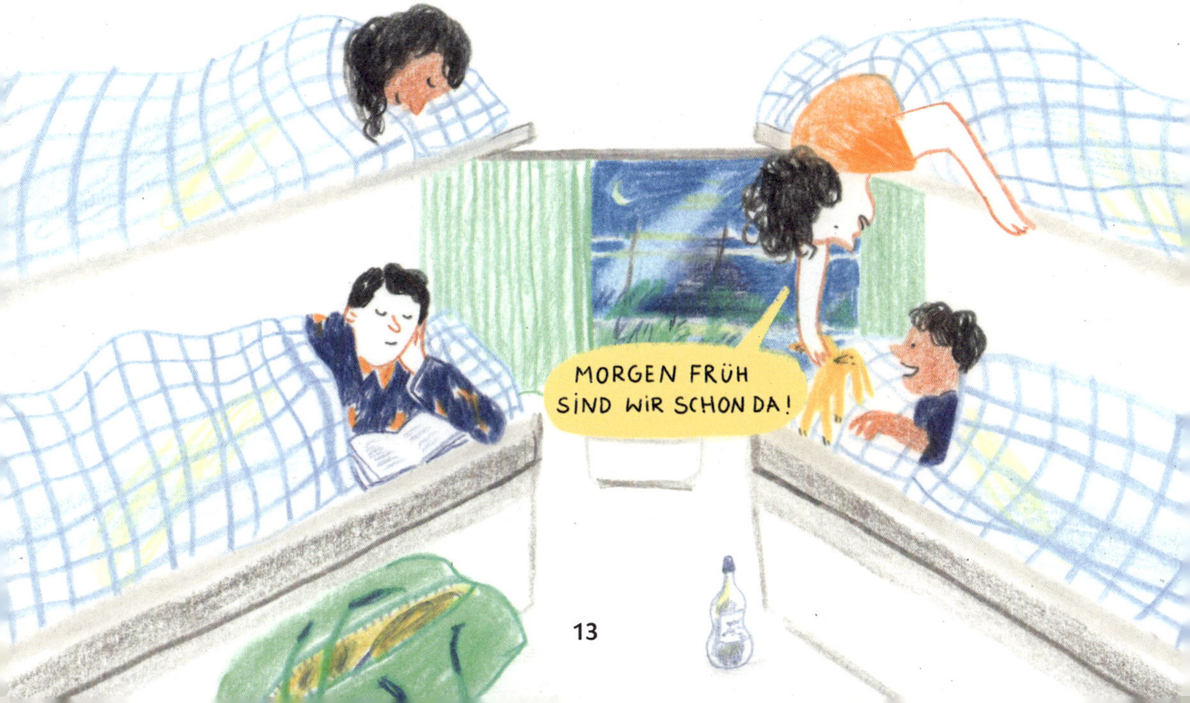

MORGEN FRÜH SIND WIR SCHON DA!

WAS WIR IM SUPERMARKT UM DIE ECKE KAUFEN, HAT OFT EINE WEITE REISE HINTER SICH. Riesige Containerschiffe, Züge, Lastwagen oder Flugzeuge bringen die Waren zu uns. Manche Produkte wachsen in Deutschland nicht oder kaum, weil sie andere klimatische Bedingungen brauchen: zum Beispiel exotische Früchte wie Bananen, Kokosnüsse oder Mangos. Da die Menschen aber auch in Deutschland diese leckeren Dinge gerne essen, werden sie hierhergebracht.

Andere Produkte wachsen nur zu bestimmten Zeiten bei uns, zum Beispiel Erdbeeren. Sie werden in den warmen Monaten von den Feldern geerntet. Viele Leute möchten aber auch im Winter ab und zu frische Erdbeeren essen. Deshalb werden sie dann aus Gegenden zu uns gebracht, in denen es zu dieser Zeit wärmer ist, wie Südeuropa oder Nordafrika.

NOCH REGIONALER SIND NUR MEINE ERDBEEREN IM GARTEN.

Zum Teil können Produkte billiger angeboten werden, wenn sie im Ausland hergestellt wurden. Das liegt daran, dass die Herstellung in manchen Ländern günstiger ist. Dort verdienen die Arbeiterinnen und Arbeiter weniger Geld. Kleidung, die wir in Deutschland kaufen, wird zum Beispiel häufig in Asien produziert und hier günstig angeboten.

Daran gibt es Kritik: Die Arbeiterinnen und Arbeiter in diesen Ländern haben oft schlechte Arbeitsbedingungen und müssen in armen Verhältnissen leben. Damit es ihnen besser geht, wären manche Menschen bereit, mehr für ihre Kleidung zu zahlen.

Die Banane wächst in Kolumbien auf riesigen Plantagen.

Wenn sie geerntet wird, ist sie noch grün. Arbeiter verpacken sie in Kartons und bringen sie zum Hafen. Dort wandert sie gemeinsam mit Tausenden anderen Bananen in einen Container. Dieser wird schließlich auf ein Containerschiff verladen.

Nach ungefähr zwei Wochen erreicht das Schiff einen Hafen in Europa.

Die Reise der Banane ist aber noch nicht zu Ende. Jetzt wird sie auf einem Lkw zu einer sogenannten Reifekammer gebracht.

Dort reift die Frucht bei milden Temperaturen heran, bis sie das typische Gelb angenommen hat. Durch die Zugabe von Reifegas kann man diesen Vorgang beschleunigen.

Erst dann tritt sie ihre vorerst letzte Reise an – zum Supermarkt und von dort zu uns nach Hause.

MANCHMAL PACKEN MENSCHEN ALL IHRE SACHEN UND ZIEHEN UM. Möbel und Kisten, Pflanzen und Stehlampen, alles wird an den neuen Wohnort gefahren. Ungefähr 5-mal im Leben wechseln die Menschen in Deutschland im Schnitt ihr Zuhause.
Besonders häufig ziehen Menschen aus familiären Gründen um. Zum Beispiel, um näher bei ihren Liebsten und Verwandten zu wohnen.

Wichtige Gründe sind auch, dass man es in der neuen Umgebung schöner und praktischer findet. Oder die alte Bleibe zu klein geworden ist. Vielleicht hat auch Mama oder Papa einen neuen Job und möchte in die Nähe der neuen Firma ziehen.

Manchmal fällt es einem schwer, das alte Zuhause zu verlassen. Man hat Freunde, kennt die Wege zur Schule und zum Bäcker, der Nachbarshund begrüßt einen immer mit Schwanzwedeln. Wahrscheinlich ziehen deswegen viele Menschen gar nicht so weit weg. Sie bleiben innerhalb ihrer Stadt, ihres Landkreises oder zumindest innerhalb desselben Bundeslandes.

So ein Umzug ist aufregend. Man bekommt ein neues Zimmer, kann es in einer anderen Farbe streichen und sich neu einrichten. Vielleicht hat das neue Zuhause einen Garten, der Weg zur Schule ist kürzer oder es gibt ein riesiges Schwimmbad. Und bestimmt finden sich auch in der neuen Umgebung nette Menschen, mit denen man sich anfreunden kann.

Wir bewegen uns nicht nur, um von einem Ort zum anderen zu kommen. Bewegung kann noch so viel mehr:

BEWEGUNG MACHT SPAß
Wir tanzen zu cooler Musik. Wir schlagen ein Rad oder machen Purzelbäume auf einer Wiese. Wir kurven auf dem Jahrmarkt mit dem Autoscooter umher. Manchmal lassen wir uns sogar in einer Achterbahn durch die Luft wirbeln.

BEWEGUNG MACHT STARK
Beim Fußball, Tennis, Reiten, Schwimmen oder anderen Sportarten stärken wir unter anderem unsere Muskeln. Das ist gut für unsere Körperhaltung und schont unsere Gelenke.

BEWEGUNG HÄLT GESUND
Durch Bewegung werden mehr Abwehrzellen im Körper produziert. Die bekämpfen schädliche Eindringlinge wie Viren oder Bakterien.

BEWEGUNG MACHT GLÜCKLICH
Bei Bewegung werden im Körper bestimmte Stoffe freigesetzt: Hormone. Unter anderem Endorphine. Man nennt sie auch Glückshormone, weil sie dazu beitragen, dass man sich gut fühlt.

BEWEGUNG MACHT SCHLAU
Durch Bewegung und Sport wird auch unser Gehirn stärker durchblutet. Die vielen Zellen im Gehirn bleiben so fit und aktiv. Das hilft beim Lernen und bei der Konzentration.

VIELES IST IN BEWEGUNG, OHNE DASS WIR UNS BEWEGEN. Zum Beispiel unser Blut: Das Herz pumpt es ständig durch unseren ganzen Körper. Das Herz ist ein kräftiger Muskel. Das eines Erwachsenen schlägt etwa 70-mal pro Minute, das eines Kindes rund 90-mal und das eines Babys sogar 120-mal.

Das Herz ist in zwei Hälften aufgeteilt, auch Kammern genannt. Von der linken Herzkammer wird sauerstoffreiches Blut mit einem kräftigen Schlag in eine große Ader gepumpt: die Aorta.

Von dort fließt es in kleinere Adern, die sich immer mehr verzweigen, wie die Äste eines Baumes. So versorgt es den ganzen Körper mit Sauerstoff.

Das Blut fließt in die Lunge, wir atmen das Kohlenstoffdioxid aus. Beim Einatmen gelangt neuer Sauerstoff ins Blut.

Das Blut fließt durch andere Adern, die Venen, zurück zur rechten Herzkammer. Auf dem Weg nimmt es Abfallprodukte mit, zum Beispiel Kohlenstoffdioxid.

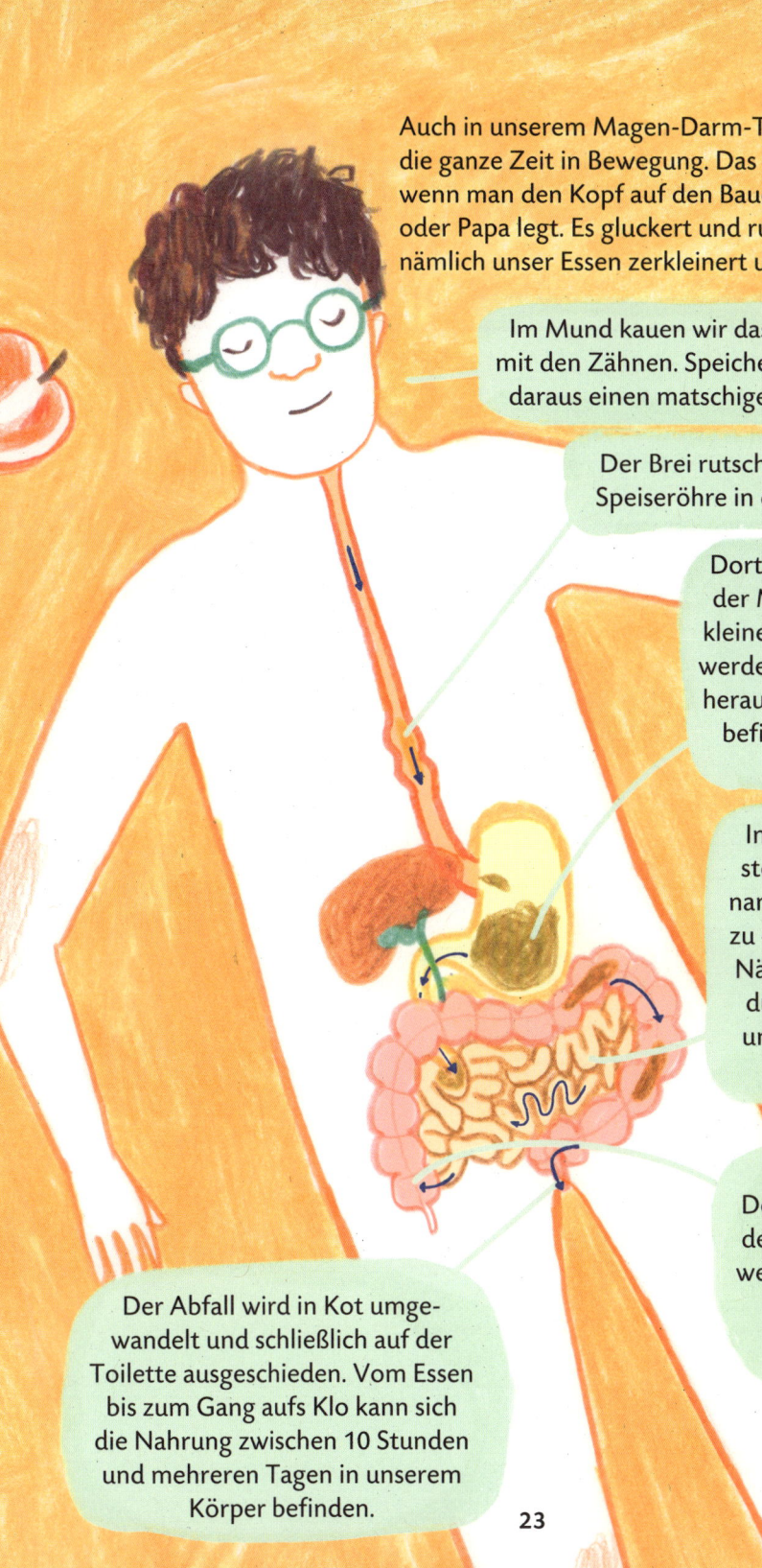

Auch in unserem Magen-Darm-Trakt ist vieles die ganze Zeit in Bewegung. Das hört man auch, wenn man den Kopf auf den Bauch von Mama oder Papa legt. Es gluckert und rumort. Dort wird nämlich unser Essen zerkleinert und verarbeitet.

Im Mund kauen wir das Essen mit den Zähnen. Speichel macht daraus einen matschigen Brei.

Der Brei rutscht durch die Speiseröhre in den Magen.

Dort wird das Essen mithilfe der Magensäure weiter zerkleinert. Schädliche Bakterien werden abgetötet, gute Stoffe herausgelöst. Etwa 3 Stunden befindet sich das Essen im Magen.

Im Dünndarm werden Nährstoffe und Abfallstoffe voneinander getrennt. Das dauert bis zu 4 Stunden. Die nun winzigen Nährstoffe gelangen durch die dünnen Darmwände ins Blut und versorgen so den ganzen Körper.

Der Rest wandert in den Dickdarm. Dort werden noch Wasser und Mineralien herausgezogen.

Der Abfall wird in Kot umgewandelt und schließlich auf der Toilette ausgeschieden. Vom Essen bis zum Gang aufs Klo kann sich die Nahrung zwischen 10 Stunden und mehreren Tagen in unserem Körper befinden.

JEDE UNSERER BEWEGUNGEN WIRD VOM GEHIRN AUS GESTEUERT. Ob wir auf einen Baum klettern, tanzen oder einen Fußball aufs Tor schießen.

Hier entsteht der Plan: Ich schieße jetzt aufs Tor! Auch laufen alle Informationen zusammen, die wir durch unsere Sinnesorgane wahrnehmen.

Alle Informationen werden an dieses Steuerungssystem weitergegeben und gelangen über große Nervenbahnen, die sich immer weiter verzweigen, in den Körper. Die Muskeln werden aktiviert, Bewegungen entstehen: TOOOR!!!

Die Sinnesorgane melden: Alles ist bereit! Jetzt wird die Bewegung gesteuert. Um den Ball genau in den freien Winkel zu schießen, müssen Gleichgewicht, Bein und Fuß zusammenspielen.

GROß-HIRN

MOTORCORTEX

KLEIN-HIRN

Ruft sie noch etwas?

Wo steht die Torwartin?

Auch während der Bewegung bekommt das Gehirn von den Sinnesorganen oder Muskeln ständig Rückmeldung, ob alles glattläuft. Ruft die Torhüterin vielleicht im letzten Moment: Stopp? Oder ist der Ball ein paar Zentimeter verrutscht? Muss die Bewegung noch angepasst werden?

Mit Internetprogrammen kann man am Computer durch die ganze Welt reisen. Die vielen Bilder dafür werden von Satelliten aus dem Weltall oder von Fahrzeugen auf der Erde mit Kameras aufgenommen. Man kann sich Kontinente, Länder oder Stadtviertel von oben anschauen – und virtuell durch Straßen spazieren und die Gegend erkunden.

Sogar ein Rundgang über den Mars ist digital möglich, obwohl noch nie ein Mensch diesen Planeten betreten hat. Das funktioniert so: Forscher haben vor einigen Jahren ein Roboterfahrzeug an Bord einer Raumsonde zum Mars geschickt.

Das Fahrzeug fährt seitdem dort umher und macht dabei Fotos aus verschiedenen Perspektiven.

Diese Fotos werden zur Erde geschickt. In mühsamer Arbeit haben Forscher die vielen Bilder aus den unterschiedlichen Perspektiven zusammengesetzt und in ein Programm eingespeist.

Mit diesem Programm kann sich nun jeder die Landschaft auf dem fernen Planeten im Internet anschauen.

AUCH IM WELTALL IST ALLES IN STÄNDIGER BEWEGUNG. Wissenschaftler gehen davon aus, dass das Universum vor etwa 14 Milliarden Jahren durch eine Art Explosion entstand – den Urknall. Erst war das Universum eine Gaswolke, die sich immer weiter ausdehnte. Dann verschmolzen die winzigen Gasteilchen miteinander. Durch die Anziehungskraft zogen größere Teile kleinere an.

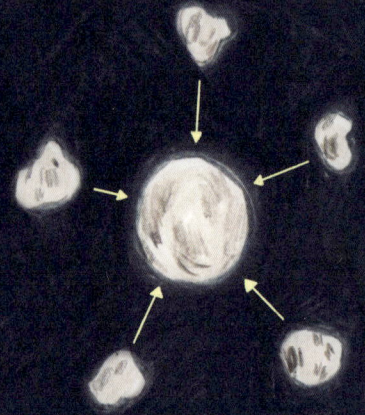

So entstanden im Laufe von vielen Millionen Jahren Galaxien, Sterne wie die Sonne und Planeten wie unsere Erde. Bei der Entstehung der Himmelskörper stießen auch immer wieder große Brocken zusammen. So muss es auch bei der Erde gewesen sein, vermuten Wissenschaftler. Durch eine Kollision mit einem größeren Teil bekam die Erde einen so gewaltigen Schubs, dass sie sich bis heute um die eigene Achse dreht, wie ein Kreisel.

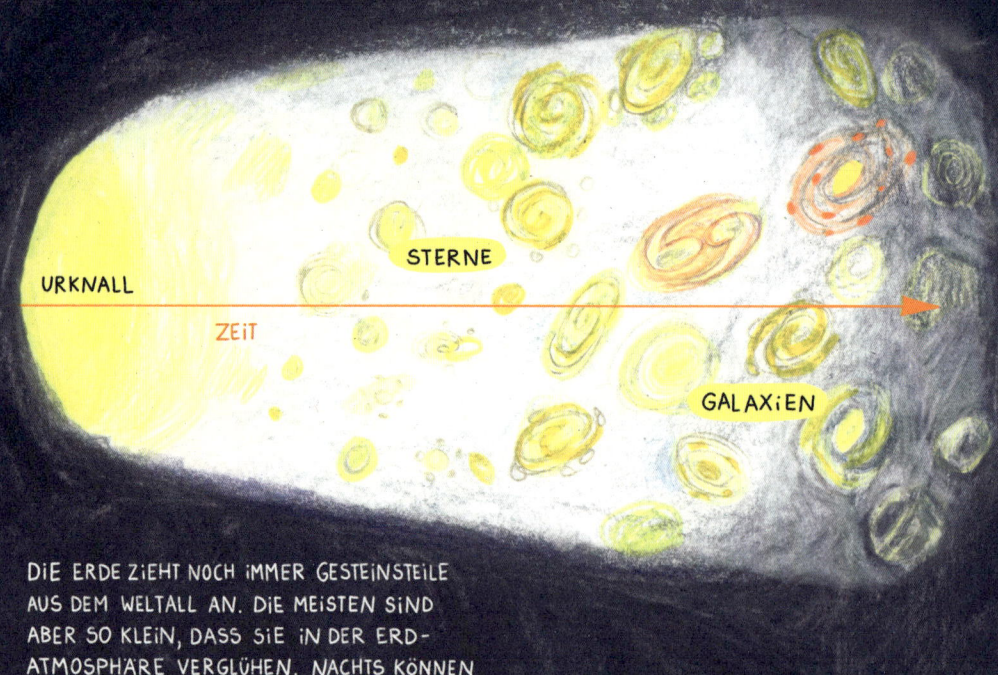

DIE ERDE ZIEHT NOCH IMMER GESTEINSTEILE AUS DEM WELTALL AN. DIE MEISTEN SIND ABER SO KLEIN, DASS SIE IN DER ERD-ATMOSPHÄRE VERGLÜHEN. NACHTS KÖNNEN WIR SIE ALS STERNSCHNUPPEN SEHEN.

Für eine Umdrehung braucht die Erde 24 Stunden. Dadurch haben wir auf der Erde Tag und Nacht. Denn mal ist die eine Hälfte der Erde zur Sonne gerichtet, mal die andere.

NAIROBI

GESCHWINDIGKEIT EINES PUNKTS AM ÄQUATOR: CA. 1670 KILOMETER PRO STUNDE!

Unser Planet Erde bewegt sich außerdem um die Sonne. Da die Sonne viel größer als die Erde ist, zieht sie diese stark an. Weil die Erde um die Sonne herum kreist, wirken aber auch Fliehkräfte. Die Erde wird also ein bisschen weggeschleudert von der Sonne. Man kann sich das vorstellen, wie wenn man Kettenkarussell fährt. Die Fliehkraft und die Anziehungskraft der Sonne gleichen sich aus. So wird die Erde immer auf ihrer Umlaufbahn gehalten.

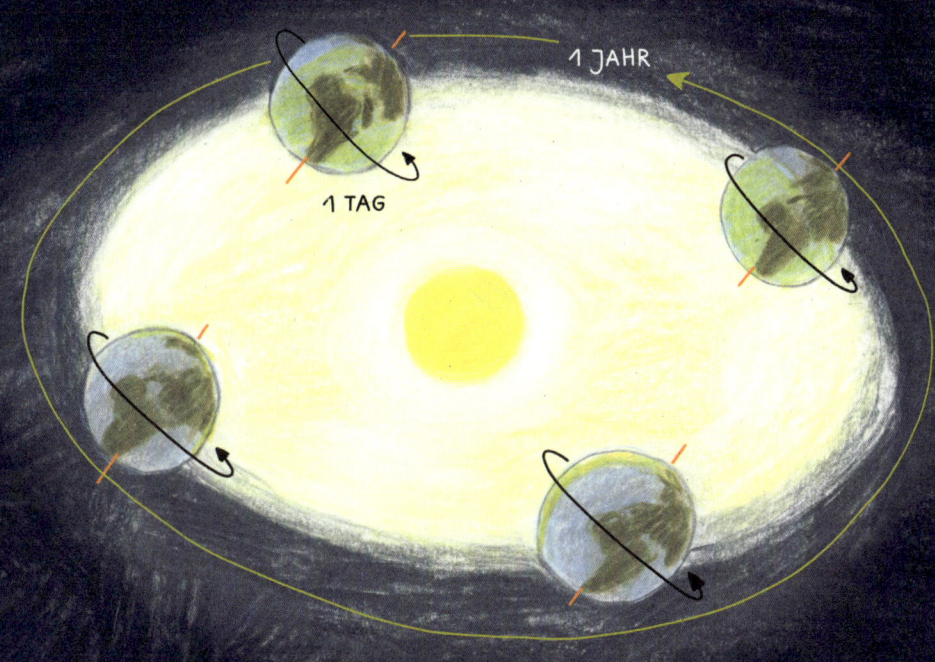

1 JAHR

1 TAG

An der Nordsee kann man beobachten, wie das Zusammenspiel von Mond und Erde die Meere bewegt. Zu bestimmten Zeiten zieht sich das Wasser zurück – es ist Ebbe. Dann kann man im Watt spazieren gehen. Nach einigen Stunden kommt das Wasser wieder – es ist Flut.

Weil der Mond die Wassermassen anzieht, bildet sich auf der mondzugewandten Seite der Erde ein Flutberg.

FLUT

EBBE

Auf der anderen Seite der Erde wird das Wasser durch die Fliehkraft nach außen gezogen und türmt sich zu einem zweiten Flutberg auf.

Die Erde dreht sich unter diesen Flutbergen hindurch um ihre eigene Achse. Deswegen ist an einem Ort abwechselnd viel und wenig Wasser.

Außerdem bewegen verschiedene andere Kräfte das Meer. Durch Wind oder unterschiedliche Wassertemperaturen entstehen riesige Strömungen. Das Wasser in Flüssen fließt in der Regel bergab, von den Bergen hinunter bis auf Höhe des Meeresspiegels.

Auch die Luft bewegt sich. Starken Wind spüren wir deutlich. Am Wasser weht häufig Wind. Das liegt daran, dass dort unterschiedliche Temperaturen an Land und auf dem Wasser herrschen, die durch den Wind ausgeglichen werden.

DIE SONNE WÄRMT DEN BODEN AN LAND AUF.

WARME LUFT STEIGT AUF. DADURCH STEIGT DER LUFTDRUCK IN DER HÖHE.

ÜBER DEM WASSER BLEIBT DIE LUFT AM TAGE KÜHLER. KALTE LUFT SINKT AB.

UNTEN IST DER LUFTDRUCK GERINGER, ES HERRSCHT TIEFDRUCK.

ÜBER DER WASSEROBERFLÄCHE HERRSCHT HÖHERER LUFTDRUCK.

LUFTTEILCHEN STRÖMEN VOM WASSER ZUM LAND – SEEWIND ENTSTEHT.

In der Nacht ist es meist umgekehrt. Da ist es an Land kühler als auf dem Wasser. Die Luftdruckunterschiede werden wieder ausgeglichen und der Wind weht vom Land aufs Meer. Je höher die Druckunterschiede sind, desto stärker bläst der Wind.

WIR MENSCHEN NUTZEN SCHON LANGE DIE KRÄFTE DER NATUR. Früher trieben Wind oder Wasser Mühlräder an. Das Drehen der Flügel oder des Wasserrades setzte in der Mühle zum Beispiel Steine zum Mehlmahlen oder Pumpen zur Entwässerung in Bewegung.

Heute können wir die Energie aus Wind- oder Wasserkraft sogar speichern. Windräder oder Wasserkraftwerke treiben elektrische Generatoren an. Sie verwandeln die Bewegungsenergie in Strom, mit dem unsere Häuser oder Autos versorgt werden.

SO ENTSTEHT AUS WASSER STROM:

FLUSSWASSER WIRD DURCH EINEN STAUDAMM ANGESTAUT.

WASSER FLIESST AB UND BEWEGT DABEI DIE TURBINE.

DIE TURBINE TREIBT DEN GENERATOR AN, DER DEN STROM ERZEUGT.

OBERWASSER — RECHEN — TURBINE — GENERATOR — MASCHINENHAUS — STROM — UNTERWASSER

Anders als beim Verbrennen von Kohle, Erdgas oder Erdöl wird hierbei kein Kohlenstoffdioxid freigesetzt, das unser Klima beeinflusst. Deswegen sagt man dazu auch Grüner Strom. Außerdem sind Sonne, Wind und Wasser erneuerbare Energien. Man kann sie niemals aufbrauchen!

AUF UNSEREM PLANETEN WIMMELT ES. Tiere suchen Nahrung, flüchten oder ziehen in wärmere Gefilde. Manche Tiere nutzen zur Jagd ihre Schnelligkeit. Der Gepard zum Beispiel erreicht im Spurt 130 Stundenkilometer, das ist ungefähr so schnell, wie ein Auto auf der Autobahn fährt. Der Wanderfalke ist noch schneller, er erspäht seine Beute am Boden und und rauscht dann im Sturzflug in die Tiefe.

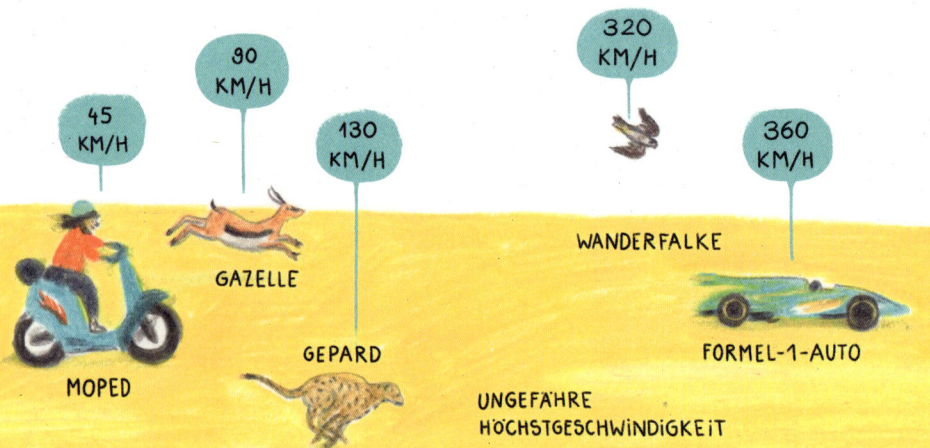

Andere Tiere können lange bewegungslos ausharren. Das Krokodil zum Beispiel lauert fast unsichtbar in einem Tümpel. Im letzten Moment bewegt es sich mit einem gewaltigen Satz auf seine Beute zu.

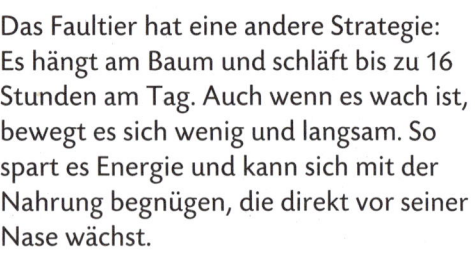

Das Faultier hat eine andere Strategie: Es hängt am Baum und schläft bis zu 16 Stunden am Tag. Auch wenn es wach ist, bewegt es sich wenig und langsam. So spart es Energie und kann sich mit der Nahrung begnügen, die direkt vor seiner Nase wächst.

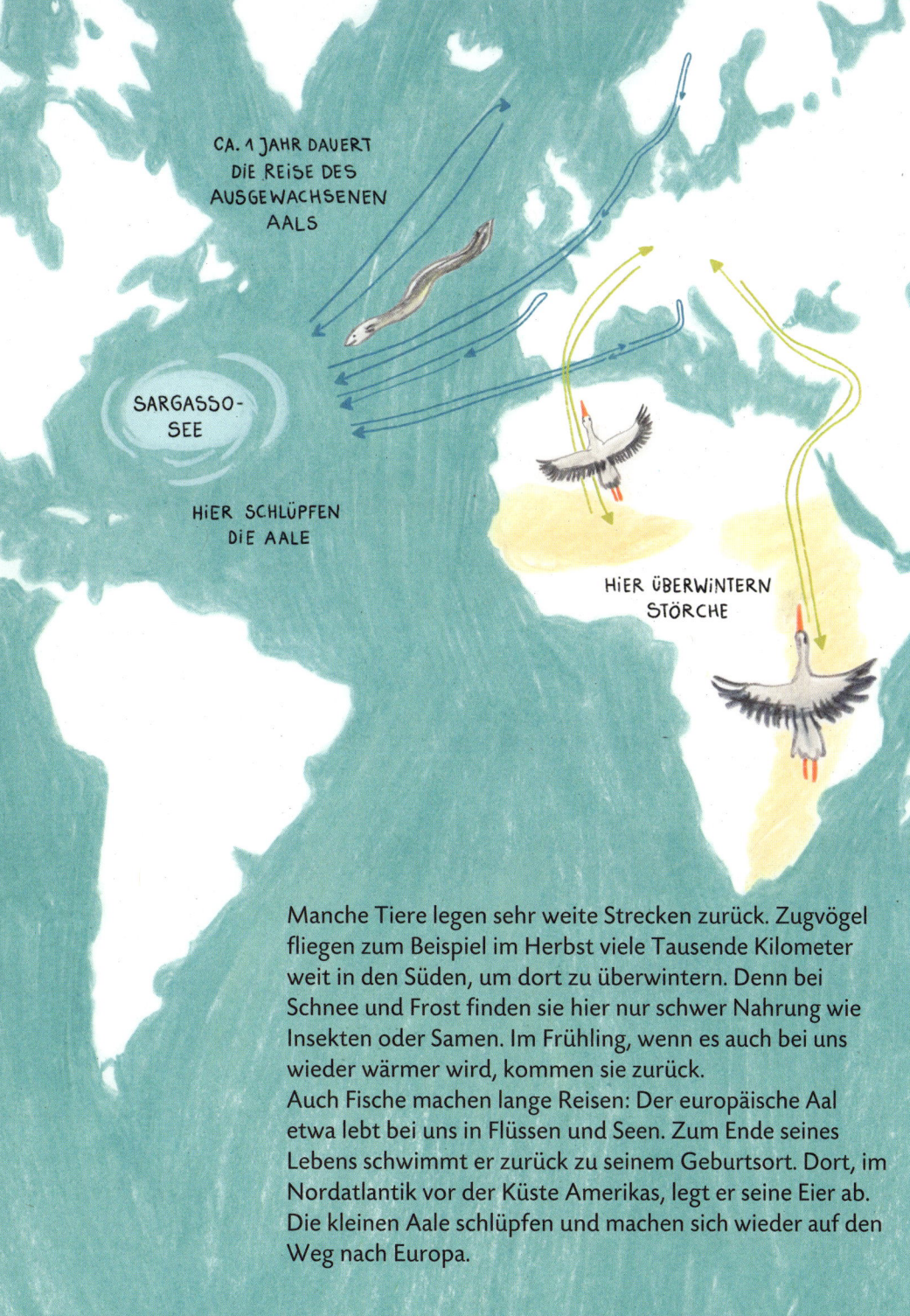

Manche Tiere legen sehr weite Strecken zurück. Zugvögel fliegen zum Beispiel im Herbst viele Tausende Kilometer weit in den Süden, um dort zu überwintern. Denn bei Schnee und Frost finden sie hier nur schwer Nahrung wie Insekten oder Samen. Im Frühling, wenn es auch bei uns wieder wärmer wird, kommen sie zurück.
Auch Fische machen lange Reisen: Der europäische Aal etwa lebt bei uns in Flüssen und Seen. Zum Ende seines Lebens schwimmt er zurück zu seinem Geburtsort. Dort, im Nordatlantik vor der Küste Amerikas, legt er seine Eier ab. Die kleinen Aale schlüpfen und machen sich wieder auf den Weg nach Europa.

Wenn man genau hinschaut, kann man sehen, dass sich auch Pflanzen bewegen. Viele richten sich im Laufe des Tages nach der Sonne aus.

Manche Pflanzen können sogar Insekten fangen, wie die Venusfliegenfalle. Setzt sich ein Insekt auf eines der geöffneten Blätter, schnappt dieses blitzschnell zu – das Insekt ist gefangen und wird von der Pflanze verdaut!

Da Pflanzen sich nicht von der Stelle bewegen können, nutzen sie den Wind, Menschen und Tiere, um ihre Samen zu verteilen.

Bäume oder Sträucher locken zum Beispiel Vögel mit leckeren Früchten an. Die Vögel fressen und verdauen die Früchte. In ihrem Kot sind die Samen enthalten, die sie auf diese Weise verbreiten.

Andere Samen bleiben gut im Fell von Tieren hängen und werden so weitergetragen.

UNSERE VORFAHREN ZOGEN IHRER NAHRUNG HINTERHER.
Sie lebten in Gruppen, hatten aber keine festen Häuser, Dörfer oder Städte. Sie sammelten Früchte oder jagten und erlegten Tiere.
Gab es in einer Gegend nur wenig Nahrung oder Wasser, war es zu kalt oder zu heiß, zogen die Menschen weiter.

Dieses Leben auf Wanderschaft endete vor etwa 12 000 Jahren allmählich. Die ersten Menschen wurden sesshaft.
Forscher glauben, dass das in einer bestimmten Gegend auf dem heutigen Kontinent Asien zuerst geschah – am sogenannten Fruchtbaren Halbmond. Dort gab es gute Lebensbedingungen, es war warm und regnete regelmäßig. So gab es genügend Wasser und einen fruchtbaren Boden. Dort begannen die Menschen Getreide anzubauen, Ziegen, Schafe oder Rinder zu halten und sich feste Häuser zu bauen.

Die sesshaften Menschen brauchten andere Werkzeuge als die Jäger und Sammler. So erfanden sie zum Beispiel die Hacke und den Pflug, um Felder zu bestellen.

Dabei spezialisierten sich die Menschen auf unterschiedliche Tätigkeiten. Einer konnte vielleicht gut Metalle für die Werkzeuge herstellen. Andere waren besonders gut darin, Steine für den Hausbau zu bearbeiten. Die Menschen begannen, Dinge miteinander zu tauschen.

Besonders Rohstoffe wie Metalle waren nicht überall ausreichend vorhanden. Deshalb mussten die Menschen Reisen unternehmen, um mit anderen Gruppen Handel zu treiben. So entstanden Handelswege.

Wissenschaftler haben später die großen Handelsrouten nach den Gütern benannt, die dort hin und her transportiert wurden. So kennt man noch heute Feuersteinstraßen, Bernsteinstraßen oder die berühmte Seidenstraße, auf der besonders im Mittelalter Händler kostbare Stoffe und Gewürze von Asien nach Europa brachten.

Da der Landweg oft sehr beschwerlich und gefährlich war, suchten Seefahrer im Mittelalter nach alternativen Routen übers Meer. Berühmte Entdecker wie Christoph Kolumbus oder Vasco da Gama machten sich auf große Reisen, um neue Handelswege zu finden.

MANCHMAL MACHT BEWEGUNG MÄCHTIG. Wenn Menschen etwas besitzen, möchten sie es meist schützen und sichern. Und oft möchten sie noch mehr haben. Das gilt auch für Land und Gebiete.

Früher war es für Herrscher besonders wichtig, mobil zu sein. Um in ihrem Reich nach dem Rechten zu sehen, Regeln durchzusetzen oder Abgaben einzutreiben, mussten sie ihre Lande durchreisen. Im Mittelalter regierten Könige nicht von einer Hauptstadt aus, sondern hatten viele verschiedene Wohnsitze. Sie zogen ständig mit ihrem gesamten Hofstaat von Ort zu Ort.

Auch heute gibt es in einigen Ländern noch Könige. Sie nutzen nicht nur schnelle und bequeme Verkehrsmittel wie Privatflugzeuge, sondern auch das Internet, Fernsehen und Zeitungen, um sich den Menschen zu zeigen oder sich mit anderen Politikerinnen auszutauschen.

Um ihren Machtbereich zu vergrößern, sandten Herrscher früher ihre Soldaten zu Fuß und auf Pferden aus, um neues Land zu erobern. Da der dortige Herrscher dieses Land verteidigen ließ, wurden die Grenzgebiete zu Schlachtfeldern, auf denen sich die Kämpfenden direkt gegenüberstanden. Einige europäische Mächte schickten sogar Schiffe nach Amerika, Afrika oder Asien, um dort riesige Gebiete an sich zu reißen.

Später wurden motorisierte Fahr- und vor allem Flugzeuge wichtig für die Eroberung. Mit Angriffen aus der Luft wurden wichtige Ziele wie Fabriken zerstört, um das andere Land zum Aufgeben zu zwingen. Heute kann das Militär sogar Drohnen schicken und muss gar nicht mehr Soldaten an jeden Ort senden.

Kriegerische Auseinandersetzungen waren und sind ein wichtiger Grund dafür, dass Menschen ihre Heimat verlassen und fliehen. Aber auch Armut, Klimaveränderungen und die Hoffnung auf ein besseres Leben bringen Menschen dazu, fortzuziehen und ein sicheres Zuhause zu suchen. Experten schätzen, dass weltweit mehr als 80 Millionen Menschen auf der Flucht sind. Das sind etwa so viele Leute, wie in Deutschland leben.

Um der Situation in ihrer Heimat zu entkommen, nehmen viele gefährliche Reisen auf sich. Sie klettern über Mauern, zwängen sich durch Stacheldraht, gehen wochenlang zu Fuß oder fahren mit überfüllten Schlauchbooten übers Meer. Oft können die Menschen nur wenige ihrer persönlichen Dinge mitnehmen, vielleicht nur einen Rucksack oder einen kleinen Koffer. Manchmal sogar nur die Kleidung, die sie gerade anhaben.

PILGER MACHEN AUS RELIGIÖSEN GRÜNDEN WEITE REISEN. Dabei gehen sie meist zu Fuß. Wahrscheinlich, um sich ganz auf ihre Gedanken konzentrieren zu können. Sie besuchen Orte, die in ihrer Religion als heilig gelten. Zum Beispiel eine besondere Kirche, Moschee oder einen Tempel, das Grab eines als heilig verehrten Menschen oder einen Ort, an dem ein Wunder geschehen sein soll.
Im Mittelalter pilgerten Menschen, um Buße zu tun und sich von ihren Sünden zu befreien. Oder aus Dankbarkeit, weil sie von einer schweren Krankheit geheilt wurden. Oder einfach, um ihrem Gott nahe zu sein.

Auch heute machen noch viele Menschen eine Pilgerreise. Aus religiösen Gründen, weil sie über ihr Leben nachdenken möchten oder einfach aus Abenteuerlust. Einer der berühmtesten Pilgerwege für Christen ist der Jakobsweg. Eigentlich sind es mehrere Wege, die durch Europa führen und alle in einer Stadt in Spanien enden: Santiago de Compostela.

Für Menschen, die der Religion Islam angehören, ist die Stadt Mekka im Land Saudi-Arabien sehr wichtig. Sie gilt als heilig, weil dort vor langer Zeit der Prophet Mohammed geboren wurde. Jeder erwachsene Muslim soll sich ein Mal in seinem Leben auf die Reise dorthin begeben, die sogenannte Hadsch.

In der Religion Hinduismus zieht der als heilig angesehene Fluss Ganges seit Jahrhunderten Pilger an. Dort wollen sie sich von ihren Sünden reinwaschen. Oft wird auch die Asche von Angehörigen im heiligen Fluss verstreut, um die Seelen der Verstorbenen zu erlösen.

Pilger jüdischen Glaubens zieht es besonders nach Jerusalem im Land Israel. Dort stehen noch Reste einer Mauer, wo früher ein wichtiger Tempel war: Man nennt sie Klagemauer. An dieser beten viele Menschen und stecken Zettel mit Wünschen in die Ritzen.

Buddhisten pilgern zum Beispiel an den Geburtsort von Siddharta Gautama, dem ersten Buddha und Begründer der Religion. Der Ort heißt Lumbini und liegt im Land Nepal.

Bis vor ungefähr 5000 Jahren das Rad erfunden wurde, konnten wir Menschen uns nicht sehr schnell fortbewegen. Man ging zu Fuß. Oder man ritt auf Ochsen, Eseln oder Pferden. Bis der Mensch auf die Idee kam, runde Scheiben zur Fortbewegung zu nutzen, hat es Hunderttausende von Jahren gedauert. Das könnte daran liegen, dass es in der Natur kein Vorbild für Räder gibt.

Mithilfe der ersten Räder konnte man endlich schwere Lasten transportieren. So konnte man zum Beispiel die Ernte von den Feldern bequemer nach Hause bringen.

UNTERGELEGTE BAUMSTÄMME GELTEN ALS VORLÄUFER DES RADS.

DIE ERSTEN RÄDER WAREN SCHEIBEN VON BAUMSTÄMMEN ODER AUS TON.

DAMIT SIE SICH PARALLEL DREHTEN, VERBAND MAN SIE MIT EINER EINFACHEN ACHSE.

Das Fahrrad wurde erst 1817 erfunden. Karl Drais hatte die Idee, zwei Räder mit einem Holzrahmen zu verbinden. Um zu fahren, musste man sich mit den Füßen vom Boden abstoßen wie bei einem Laufrad.

Erst einige Jahre später wurde ein Zweirad mit Kurbeln im Vorderrad entwickelt, die man mit den Füßen bewegte. Je größer das Vorderrad war, desto schneller kam man voran. Deshalb baute man schon bald riesige Hochräder. Das änderte sich erst, als der Kettenantrieb erfunden wurde, den Fahrräder noch heute haben. Damit konnte man Fahrräder bauen, die zwei gleich große Räder hatten und nicht mehr so riesig sein mussten, um schnell zu sein.

WAS FÜR EIN KNOCHENSCHÜTTLER!

JUHUU!

EISEN

LUFT

REISEN WAREN LANGE HÖHERGE-STELLTEN LEUTEN VORBEHALTEN.
Neben Herrschern, Adeligen und Kirchenleuten waren meist nur Kaufleute und Postkutscher unterwegs. Leute, die Geld besaßen, konnten sich einen Platz in so einer Postkutsche kaufen.

SALZBURG 1763

Der berühmte Komponist Mozart konnte schon als Kind so toll Geige und Klavier spielen, dass man ihn in ganz Europa hören wollte. Deshalb war er mit Vater und Schwester viel unterwegs.
Es gab nur wenige Straßen und auch die waren holprig. Wenn es regnete und die Wege matschig waren, kamen die Fuhrwerke nur schwer voran, blieben stecken, oder die Achsen brachen.

Man musste damit rechnen, von Wegelagerern überfallen zu werden. Im Winter war es kalt in der Kutsche und die Geschwister wurden krank.

Einmal waren die Mozart-Kinder sogar drei Jahre unterwegs. Sie machten unter anderem Station in Deutschland, Frankreich, England und Holland.

Mit dem Zug zu fahren, ist schnell, umweltfreundlich und bequem. Man kann sich gegenübersitzen und Karten spielen. Herumlaufen, wenn man nicht mehr sitzen kann.
Oder aufs Klo gehen, ohne anhalten zu müssen.

Schon vor ungefähr 600 Jahren bauten die Menschen Holzschienen für Fahrzeuge. Sie waren praktisch, um schwere Lasten zu transportieren, denn die Wagen konnten nicht nach links oder rechts ausscheren. Da die Holzschienen nicht sehr stabil waren und schnell verrotteten, entwickelte man Schienen aus Metall. Zunächst mussten die schweren Wagen von Menschen geschoben oder von Pferden gezogen werden. Bis man vor etwa 250 Jahren eine Lokomotive entwickelte, die von Kohle und Wasserdampf angetrieben wurde.

Bald transportierten Züge auch Menschen. In Deutschland wurde die erste Bahnstrecke 1835 eröffnet. Als sich der Zug zischend und fauchend in Bewegung setzte, hatten viele Menschen Angst vor der Maschine und der Geschwindigkeit. Es gab sogar Ärzte, die vor gesundheitlichen Schäden warnten.

Heute werden Züge schon lange nicht mehr mit Dampf und Kohle angetrieben, sondern mit Diesel und elektrisch.
Am schnellsten können die elektrisch getriebenen Züge fahren.

MIT DEM ZUG IST MAN SCHNELL AM ZIEL.

BOCHUM

5 STUNDEN AUTOFAHRT

3,5 STUNDEN ZUGFAHRT

BERLIN

Wie schnell Züge fahren können, hängt auch von den Schienen ab. Und von Geschwindigkeitsbegrenzungen.

Vor der eigenen Haustür einsteigen und innerhalb weniger Minuten beim Sport, in der Schule oder beim Einkaufen sein. In ein paar Stunden ans Meer, in die Berge oder sogar in ein anderes Land fahren. So schnell sind wir Menschen erst seit dem letzten Jahrhundert unterwegs.

Vor etwa 130 Jahren entwickelte der deutsche Ingenieur Carl Friedrich Benz eines der ersten Autos. Es sah aus wie eine Kutsche auf drei Rädern, wurde aber anstatt von Pferden von einem Benzinmotor angetrieben.

Das stinkende und langsame Gefährt kam bei vielen Menschen zunächst nicht gut an. Erst Bertha Benz machte es richtig bekannt. Sie fuhr damit eine Strecke von etwa 100 Kilometern durch Deutschland und bewies damit, dass die Erfindung ihres Mannes funktionierte.

Zunächst konnten sich nur sehr reiche Leute ein Auto leisten. Das änderte sich erst Mitte des 20. Jahrhunderts, als die maschinelle Produktion Autos billiger machte.

Die meisten Autos werden heutzutage mit einem Verbrennungsmotor angetrieben.

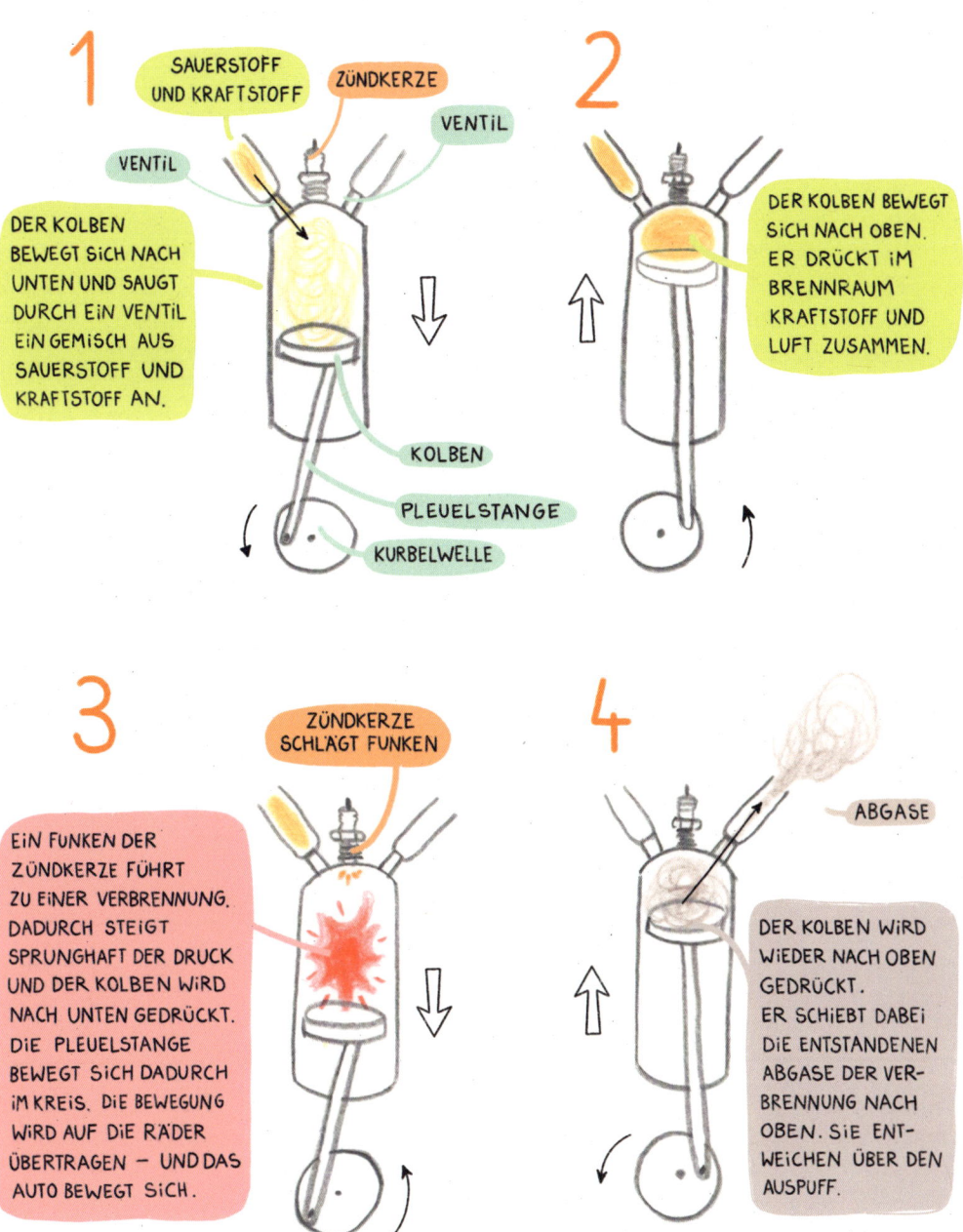

Ausgehöhlte Baumstämme, sportliche Surfbretter oder moderne Stahlschiffe – sie alle haben etwas gemeinsam: Obwohl sie so schwer sind, können sie, anders als zum Beispiel ein Stein, schwimmen! Das liegt an ihrer Form. Boote oder Schiffe sind so gebaut, dass sie sehr viel Platz einnehmen. Um zu schwimmen, müssen sie nämlich mindestens so viel Wasser verdrängen, wie sie selbst wiegen. Dann drückt das Wasser von unten gegen das Schiff, weil es seinen Platz zurückerobern möchte. Durch diesen Auftrieb wird das Schiff getragen.

In die Ferien ans Mittelmeer fliegen oder ab und zu die Tante in Kanada besuchen – das ist für viele von uns ganz normal. Fliegen ist sicher, schnell, günstig und praktisch, deshalb zählt das Flugzeug heute zu den wichtigsten Verkehrsmitteln der Welt.

Schon vor Hunderten von Jahren haben die Menschen davon geträumt, sich wie ein Vogel in die Luft zu schwingen. Viele Tüftler bezahlten ihre waghalsigen Versuche mit dem Leben. Vor ungefähr 150 Jahren absolvierte der deutsche Maschinenbauer Otto Liliental den ersten erfolgreichen Gleitflug. Mit seinem Fluggefährt konnte er wenige Meter einen Berg hinabsegeln.

Bald wurden Flugzeuge mit Motoren gebaut, die weiter und länger fliegen konnten – sogar bis in andere Länder. Die erste Flugreise der Lufthansa von Europa nach China 1926 benötigte allerdings noch zahlreiche Zwischenlandungen und dauerte mehrere Tage. Heute brauchen Direktflüge nur ungefähr 10 Stunden.

Weltweit werden im Jahr rund 4,5 Milliarden Flugpassagiere gezählt. Auf der Erde leben ungefähr 8 Milliarden Menschen. Die meisten von ihnen fliegen gar nicht, ein kleiner Teil dafür umso häufiger. Wissenschaftler schätzen, dass nur etwa 10 Prozent der Weltbevölkerung pro Jahr mit dem Flugzeug reist. 1 Prozent der Menschheit fliegt sogar so häufig, dass sie allein für die Hälfte aller Abgase, die durch Flugreisen entstehen, verantwortlich ist.

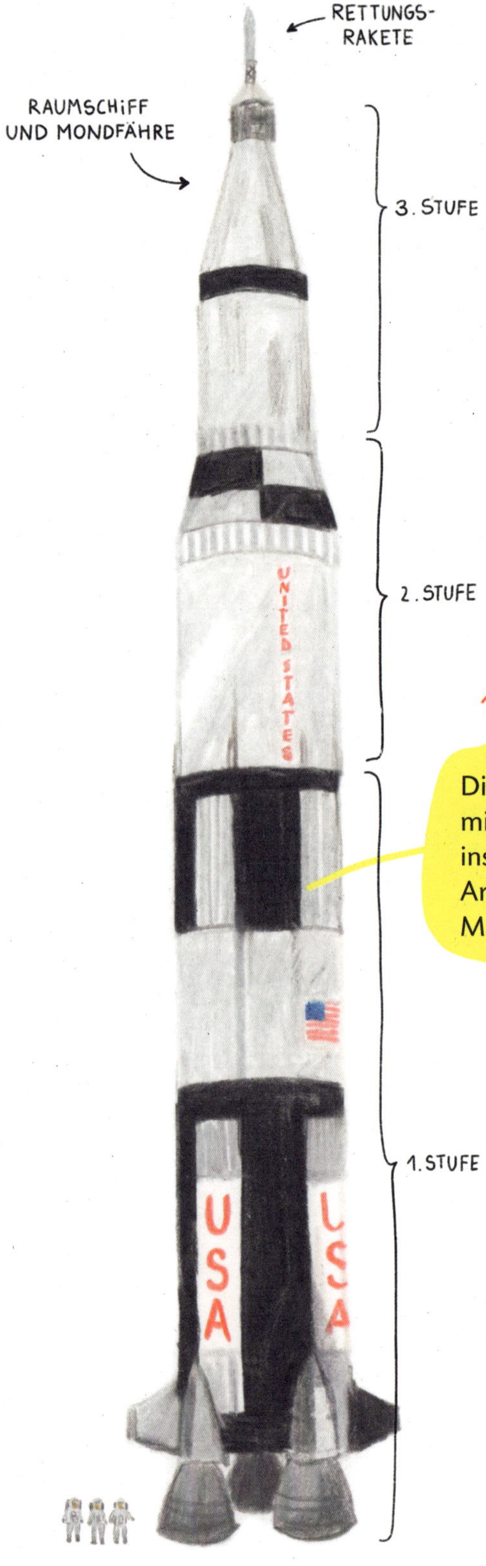

RETTUNGS-RAKETE

RAUMSCHIFF UND MONDFÄHRE

3. STUFE

2. STUFE

1. STUFE

Nach Straßen, Schienen, Wasser und Luft blieb der Menschheit nur noch eines zu erobern: der Weltraum. Dass dies gelang, hat mit dem Wettlauf der Vereinigten Staaten von Amerika und der früheren Sowjetunion zu tun. Sie waren nicht nur politische Gegner. Auch in der Raumfahrt versuchten sie ständig, sich gegenseitig zu überbieten.
1961 schaffte die Sowjetunion eine Sensation: Der Kosmonaut Juri Gagarin flog an Bord eines Raumschiffs einmal um die Erde. Das konnten die Vereinigten Staaten nur übertreffen, indem sie zum Mond gelangten. Der Plan glückte wenige Jahre später.

16. JULI 1969, FLORIDA

Die Rakete Saturn V wird mit 3 Astronauten an Bord ins Weltall geschossen: Neil Armstrong, Edwin Aldrin und Michael Collins.

ENTFERNUNG VON DER ERDE ZUM MOND: CA. 380 000 KM

Auf dem Weg wird eine schwere Raketenstufe nach der anderen gezündet und dann abgetrennt, bis in 200 Kilometer Höhe nur noch Raumschiff und Mondfähre übrig sind. Diese fliegen jetzt noch drei Tage lang weiter, bis zur Mondumlaufbahn.

21. JULI 1969, MOND

Während ein Astronaut im Raumschiff wartet, steigen die anderen beiden in die Mondfähre um. Sie verbringen etwas mehr als 20 Stunden auf dem Mond.

24. JULI 1969, PAZIFISCHER OZEAN

Die Mondastronauten steigen ins wartende Raumschiff. Kurz vor ihrer Rückkehr zur Erde löst sich ein Modul mit den Astronauten ab. Beim Eintritt in die Atmosphäre erhitzt es sich auf über 1000 Grad. Getragen von Fallschirmen, landet das Modul mitten im Meer. Modul und Astronauten werden von einem Bergungsschiff und einem Helikopter abgeholt.

Heute forschen auf der internationalen Raumstation ISS das ganze Jahr über Astronauten aus verschiedenen Ländern. Sie untersuchen unter anderem, wie sich Schwerelosigkeit auf Menschen oder Pflanzen auswirkt.

Wird es irgendwann ganz normal sein, ins All zu fliegen? Daran arbeiten gerade drei superreiche Unternehmer. Mit ihren Firmen tüfteln sie an Raumschiffen, die regelmäßig Touristen in den Weltraum bringen könnten – eine spektakuläre, aber teure und wenig umweltfreundliche Reise.

Die steigende CO_2-Menge beeinflusst unser Klima. Man spricht auch vom Treibhauseffekt. In einem Treibhaus ist es auch bei niedrigen Außentemperaturen warm. Die Sonnenstrahlen gelangen nämlich durch das Glas und heizen es auf. Die Glaswände verhindern, dass die Wärme wieder entweichen kann.

Um die Erde liegt eine Schicht aus verschiedenen Gasen, die Atmosphäre. Sie funktioniert wie die Glaswände beim Treibhaus. Die Sonne strahlt auf die Erde. Die Atmosphäre sorgt dafür, dass ein Teil der Sonnenenergie als Wärme bleibt. Je mehr CO_2 in der Luft ist, desto mehr wärmt sich die Erde unter der Gasschicht auf.

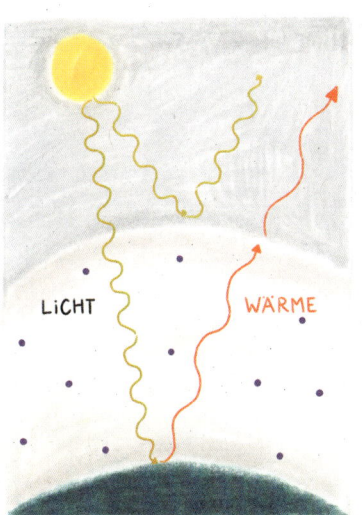
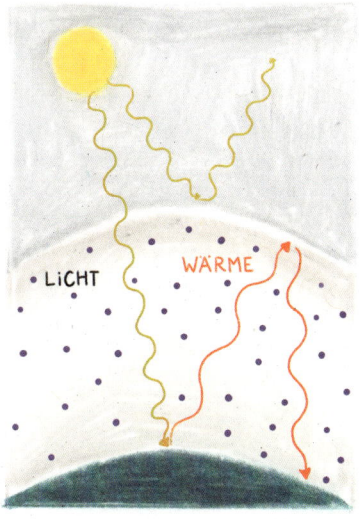

Nicht nur die Hitze ist eine Belastung für Menschen, Tiere und Pflanzen. Ein Problem ist auch, dass durch die steigenden Temperaturen Gletscher schmelzen und der Meeresspiegel ansteigt. So kann es zu Überschwemmungen kommen. Außerdem gibt es mehr Extremwetterereignisse, Stürme, Dürren oder Regenfluten. All das ist gemeint, wenn man vom Klimawandel spricht.

Wir alle tragen jeden Tag zum CO_2-Ausstoß bei. Wir verbrauchen Strom, der meist durch das Verbrennen von Kohle entsteht, kaufen Dinge, die in Fabriken hergestellt werden, und nutzen Verkehrsmittel mit Verbrennungsmotoren. Im Jahr 2020 wurden in Deutschland 700 Millionen Tonnen Treibhausgase, hauptsächlich CO_2, verursacht.

Am meisten Treibhausgase werden bei der Produktion von Strom ausgestoßen. Zum Beispiel, wenn dabei Kohle oder Gas verbrannt wird.

30%
STROMERZEUGUNG

Zweitgrößter Verursacher in Deutschland sind Fabriken. Bei der Stahl- oder Eisenproduktion wird zum Beispiel viel Kohle verfeuert.

24%
INDUSTRIE

VIELE SAGEN: WIR MÜSSEN ETWAS ÄNDERN!
Insbesondere junge Leute demonstrieren für mehr Klimaschutz. Da sie oft am Freitag auf die Straße gehen, wird ihre Bewegung Fridays for Future genannt, übersetzt: Freitags für die Zukunft. Sie kritisieren, dass die Politiker nicht genug tun, um die Erderwärmung aufzuhalten.

Die Politiker der Welt haben sich im Jahr 2015 auf das Übereinkommen von Paris geeinigt. Darin steht, dass der Anstieg der Temperatur durch den Treibhausgaseffekt begrenzt werden soll: und zwar möglichst auf 1,5 Grad. Jedes Land soll sich darum kümmern, dass es weniger Treibhausgase produziert und so zum gemeinsamen Ziel beträgt. Alle fünf Jahre sollen die Länder in einem Bericht vorzeigen, ob sie ihre Klima-Hausaufgaben gemacht haben. Das Problem: Viele Länder haben sich zwar ehrgeizige Ziele gesetzt, aber sie erreichen diese oft nicht. Und es gibt keine Strafen für Länder, die mehr CO_2 ausstoßen als geplant.

Dass der Staat dafür sorgen muss, dass wir auch in Zukunft noch eine lebenswerte Erde haben, steht sogar im Grundgesetz. Immer mehr Menschen und Organisationen entschließen sich deshalb, dieses Recht vor Gericht einzuklagen. In vielen Ländern haben Gerichte den Menschen bereits Recht gegeben und die Politiker dazu verpflichtet, mehr zu tun, um die Zukunft der jungen Generation zu sichern.

Politiker und Politikerinnen können Dinge verändern, indem sie bestimmte Verhaltensweisen verbieten oder erschweren und andere fördern.
Viele Länder legen in Gesetzen fest, wie das Klima geschützt werden soll. Dabei müssen vor allem Treibhausgase eingespart werden. Wie erreicht man das?

Einige Staaten erheben zum Beispiel CO_2-Preise. Wenn Unternehmen Produkte wie Benzin verkaufen, das besonders viel Kohlenstoffdioxid verursacht, müssen sie dafür Geld an den Staat bezahlen. Dadurch kostet das Benzin dann allerdings auch mehr. Das ist schwirig für Menschen, die nicht viel Geld verdienen oder im Alltag unbedingt ein Auto brauchen.

Damit die höheren Preise nicht manche Menschen besonders stark treffen, kann der Staat einen Teil der CO_2-Steuer wieder an die Bürger auszahlen. An jeden gleich viel. Außerdem kann das Geld dafür verwendet werden, mehr Menschen klimafreundliches Verhalten zu ermöglichen, etwa indem Bahnfahren oder umweltfreundliche Treibstoffe günstiger werden.

WER VIEL ZUM CO_2-AUSSTOSS BEITRÄGT, ZAHLT AUCH MEHR CO_2-STEUER. VOM STAAT BEKOMMEN ABER ALLE EINEN FESTEN BETRAG ZURÜCK.

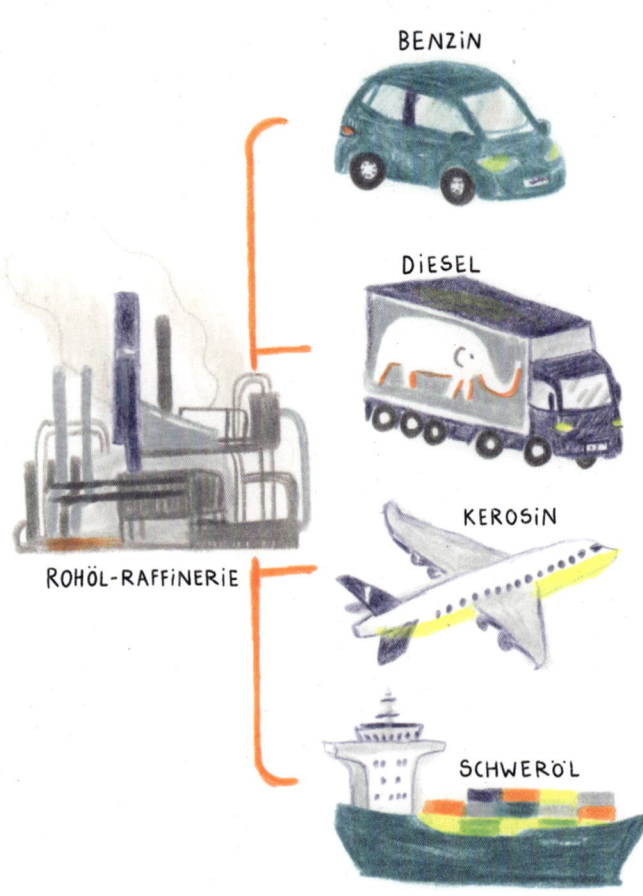

Die meisten Autos auf unseren Straßen fahren mit Diesel oder Benzin. Schiffe fahren überwiegend mit dem besonders schadstoffhaltigen Schweröl, Flugzeuge benötigen Kerosin. All diese Kraftstoffe werden aus Erdöl gewonnen. Es wird aus Ländern mit großen Ölvorkommen auf Tankschiffen oder durch Pipelines zu uns gebracht. Hier wird das Rohöl dann in großen Anlagen, Raffinerien genannt, zu Benzin, Diesel oder Kerosin verarbeitet. Bei der Verbrennung dieser Stoffe im Fahrzeug entstehen Schadstoffe und das klimaschädliche CO_2. Da die Menge an Erdöl begrenzt ist, wird es immer aufwendiger, es zu fördern – und oft auch umweltschädlicher.

Wir brauchen also dringend Alternativen zum Erdöl. Schon seit Jahren tüfteln Forscher deshalb an künstlich hergestellten Kraftstoffen. Diese kann man zum Beispiel aus Pflanzen herstellen. Man sagt dazu auch Biokraftstoffe. Das Problem dabei: Man braucht Unmengen an Pflanzen dafür. In Europa gäbe es gar nicht genug Felder.

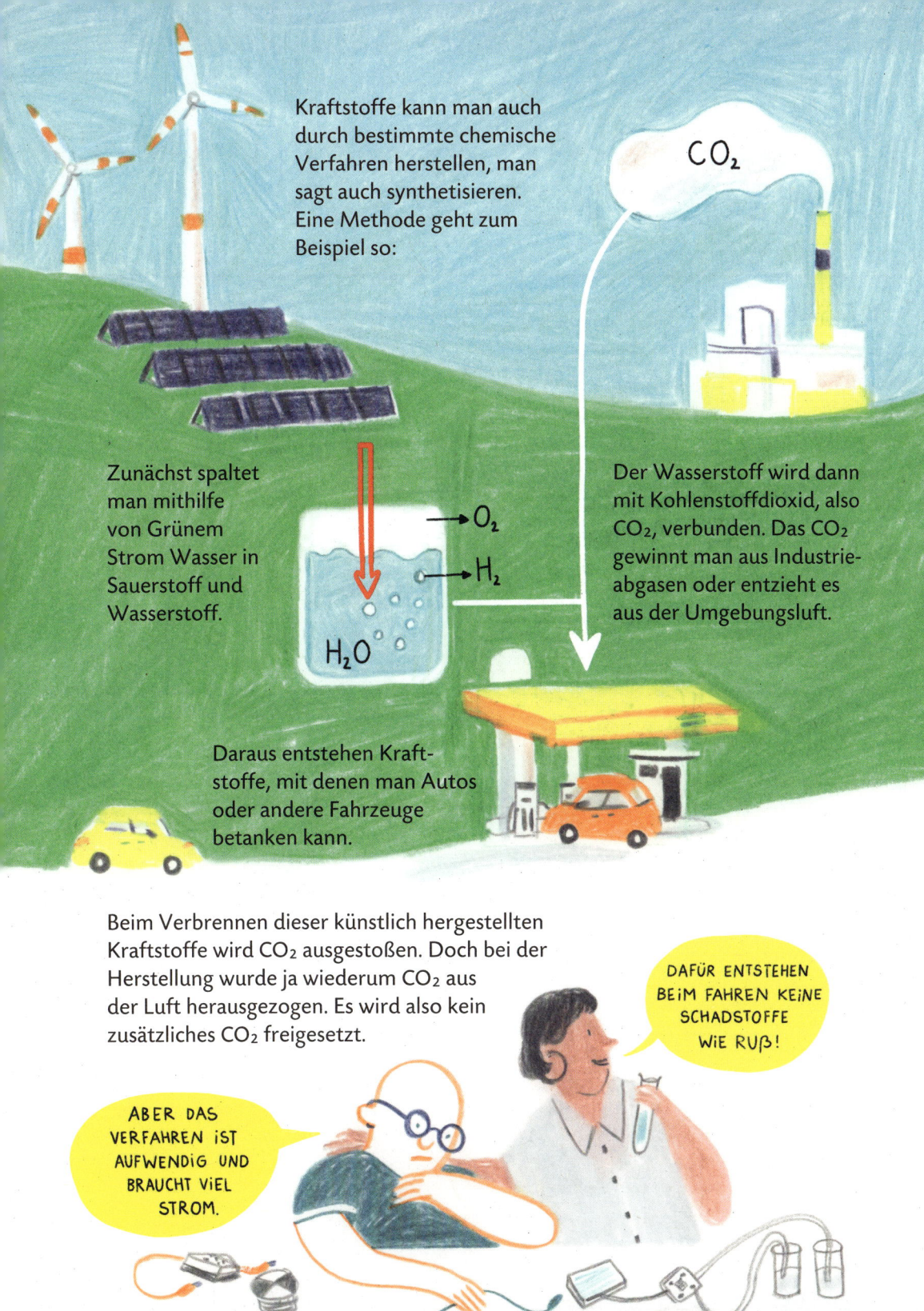

Wie funktionieren Elektroautos?

Ein Elektroauto tankt nicht Benzin oder Diesel – sondern Strom.

Der Strom wird in einer Batterie gespeichert.

Die Batterie versorgt den Elektromotor mit Strom.

Im Motor befinden sich zwei Elektromagnete: Einer wird von Gleichstrom durchströmt, wodurch er ein immer gleiches Magnetfeld hat. Der andere Magnet wird von Wechselstrom durchströmt, wodurch sich sein Magnetfeld immer ändert. Dies führt dazu, dass die Magnete sich im Wechsel anziehen und abstoßen und dadurch den Motor drehen lassen.

Die Drehbewegung wird auf die Räder übertragen. So setzt sich das Auto in Bewegung.

Warum haben wir nicht alle Elektroautos? Wahrscheinlich sind sie noch nicht für alle praktisch. Im Winter zum Beispiel können E-Autos weniger weit fahren, weil auch die Heizung aus der Batterie versorgt wird.

AUFLADEN: Tankstellen gibt es an fast jeder Ecke, Ladesäulen für E-Autos noch nicht. Es müssen also noch viel mehr Ladesäulen gebaut werden. Und das Aufladen muss schneller gehen. Bisher dauert es noch deutlich länger als das Tanken von Kraftstoff.

REICHWEITE: Elektroautos kommen 200 bis 400 Kilometer weit – dann müssen die Batterien wieder aufgeladen werden. Ein Benzin- oder Dieselfahrzeug kommt mit vollem Tank teilweise drei Mal so weit. Die Hersteller von E-Autos arbeiten mit Hochdruck daran, die Reichweite der Autos zu erhöhen.

WANN KOMMT NOCH MAL DIE NÄCHSTE LADESÄULE?

GRÜNER STROM: Damit CO_2 gespart wird, muss der Strom für E-Autos aus erneuerbaren Energien kommen, zum Beispiel aus Windrädern oder Solaranlagen. Noch wird etwa die Hälfte des benötigten Stroms in Deutschland durch die Verbrennung von Kohle, Gas, Öl und Atomkraft hergestellt. Doch der Anteil der erneuerbaren Energien wächst. Die nächste Herausforderung wird sein, den Strom von dort, wo er erzeugt wird, dahin zu bringen, wo er gebraucht wird.

BATTERIE: Bei der Herstellung von Batterien wird Strom verbraucht und dadurch eventuell CO_2 ausgestoßen. Außerdem wird meist Lithium benötigt, das zum Beispiel in Salzwüsten in Südamerika abgebaut wird. Dabei wird viel Wasser verbraucht. Auch andere sehr kostbare Rohstoffe sind für die Herstellung der Batterie notwendig. Die Arbeitsbedingungen der Menschen, die sie in Minen abbauen, sind teilweise sehr schlecht. Die Hersteller versuchen deshalb unter anderem, mit weniger Rohstoffen auszukommen oder sie durch andere zu ersetzen.

UM TEILE DER BATTERIE WIEDERZUVERWENDEN, MUSS MAN DIE BESTANDTEILE AUFWENDIG TRENNEN.

KOSTEN: Die Herstellung der Batterien ist teuer. Elektroautos kosten deshalb meist mehr Geld als Fahrzeuge mit einem Verbrennungsmotor. Deswegen zahlen Staat und Hersteller einen Zuschuss. Für die Entsorgung alter Batterien werden auch viele Kosten anfallen.

In manchen Städten gibt es sie schon: Busse, bei denen nur Wasserdampf aus dem Auspuff kommt. Solche Wasserstoffautos werden auch mit einem Elektromotor betrieben. Doch der Motor bekommt den Strom nicht aus einer Batterie. Die Busse fahren mit Wasserstoff, einem sehr leichten und brennbaren Gas.

Dieses Gas ist quasi das Benzin des Autos. Es strömt in eine Brennstoffzelle und wird dort mit Sauerstoff gemischt. Dabei entsteht eine chemische Reaktion, die Strom erzeugt. Und mit diesem Strom wird der Elektromotor angetrieben.

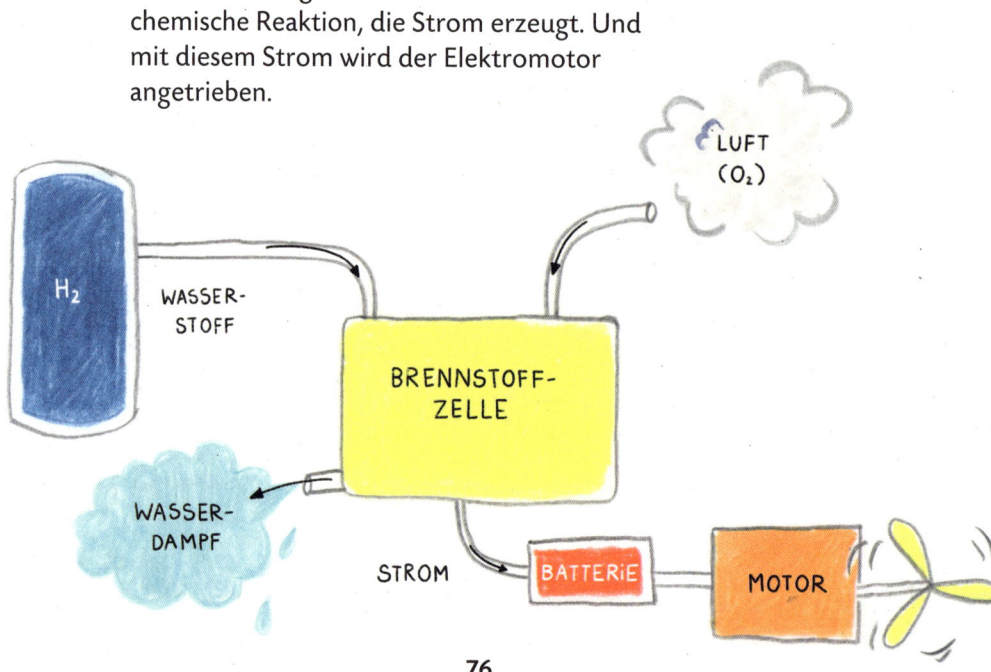

Wasserstoff herzustellen, ist sehr aufwendig, und man braucht dafür viel Energie, also jede Menge Strom. Wie beim Elektroauto müsste die Umstellung auf erneuerbare Energien noch viel schneller vorangehen, damit der Wasserstoffantrieb umweltfreundlich ist. Bisher ist es außerdem sehr teuer, Wasserstoffautos herzustellen. Käufer müssen also mehr Geld bezahlen. Und es gibt sehr wenige Tankstellen, wo man Wasserstoff bekommt.

MAN BRAUCHT ALSO ENERGIE, UM DARAUS ENERGIE ZU MACHEN?

Wasserstoff eignet sich vor allem für Fahrzeuge, die weite Strecken zurücklegen, etwa für den Antrieb von Zügen oder Schiffen. Hier hat die Wasserstofftechnik sogar einen Vorteil gegenüber dem rein elektrischen Antrieb: Denn eine Batterie, mit der solche großen Verkehrsmittel weite Strecken zurücklegen könnten, müsste riesig und sehr schwer sein. Das wäre ziemlich unpraktisch.

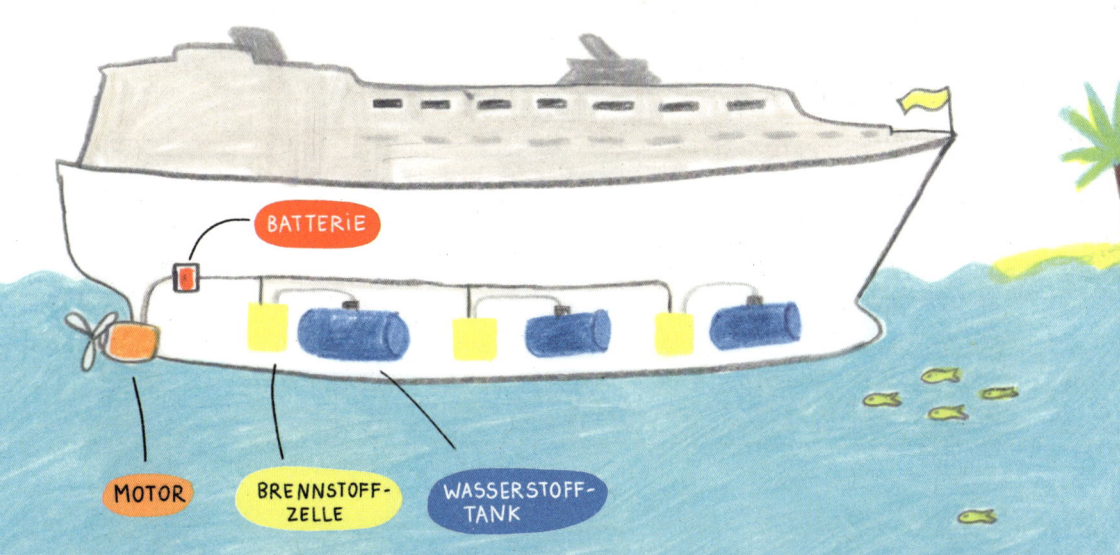

AUTOS BENÖTIGEN VIEL PLATZ. Und seit über einem Jahrzehnt gibt es immer mehr davon. Dabei sind einerseits kleine Autos beliebter geworden, gleichzeitig aber auch besonders große wie SUVs und Geländewagen. Und es werden immer mehr Straßen gebaut.

IM DURCHSCHNITT FÄHRT NUR EINE PERSON IM AUTO, OBWOHL PLATZ FÜR 5 WÄRE!

Für Straßen und Parkplätze werden große Flächen des Bodens asphaltiert oder betoniert. Dadurch geht fruchtbarer Boden als Lebensraum für Pflanzen und Tiere verloren. Ist der Boden versiegelt, kann er außerdem weniger Wasser aufnehmen. Bei starken Regenfällen besteht die Gefahr, dass die Kanalisation überläuft und es zu Überschwemmungen kommt. Bei Hitze speichern die versiegelten Flächen die Wärme. Dadurch heizen sich insbesondere Städte regelrecht auf.

In Busse oder Bahnen passen viel mehr Menschen als in ein Auto. Haltestellen und Fahrzeuge müssen klug gebaut werden, sodass alle leicht ein- und aussteigen können und man in der Nähe viele wichtige Erledigungen machen kann. Dann können in Zukunft noch mehr Menschen auf das Auto verzichten.

Wenn man weniger Platz für Autos braucht, kann man ihn stattdessen zum Beispiel für Fahrradwege nutzen. Oder für grüne Inseln, die Schatten spenden und Wasser und CO_2 aufnehmen.

Manchmal ist es ganz schön nervenaufreibend, mit dem Fahrrad zur Schule oder zu Freunden zu fahren. Die Radwege sind schmal oder gar nicht vorhanden, die Straßenränder werden durch parkende Autos zum Hindernisparcours und einige Autofahrer rasen viel zu schnell und nah an Radfahrern vorbei.
Deshalb machen Kinder und Erwachsene auf Fahrrad-Demos mit, um auf das Problem aufmerksam zu machen. Dann radeln sie gemeinsam durch die Stadt und klingeln dabei laut!

Dass es auch anders gehen könnte, zeigen zum Beispiel Pop-up-Radwege. Dafür werden Parkplätze oder Fahrspuren für Autos zeitweise verkleinert und stattdessen ein Fahrradstreifen eingerichtet.

AUF EINEN PARKPLATZ PASSEN ETWA 10 FAHRRÄDER.

Außerhalb der Stadt können Radschnellwege die Orte miteinander verbinden. Darauf kommt man schnell und sicher voran, weil sie gut asphaltiert und beleuchtet sind und es keine Hindernisse gibt.

DIE FAHRRAD-AUTOBAHN IST RICHTIG TOLL!

SEITDEM ICH MEIN E-BIKE HABE, BRAUCHE ICH KEIN AUTO MEHR!

Einige Städte zeigen, wie man Radfahren leicht macht. In der dänischen Hauptstadt Kopenhagen gibt es Ampeln, Brücken, Schnellstraßen und Parkhäuser nur für Fahrräder. Dadurch fährt mehr als die Hälfte der Menschen mit dem Rad zur Arbeit. Auch in Oldenburg oder Karlsruhe gibt es viele gut ausgebaute Radwege und in Münster sogar einen komplett autofreien Ring um die Innenstadt. Viele haben ein Lastenrad, in dem Kinder mitfahren und Einkäufe untergebracht werden können.

WENIGER TEMPO FÜR MEHR LEBEN.
Langsamer zu fahren, spart CO_2. Dadurch können wir ohne neue Technik ganz einfach das Klima schützen. Experten haben ausgerechnet, dass eine Geschwindigkeitsbegrenzung auf 120 Stundenkilometer auf der Autobahn so viel CO_2 sparen würde wie der Verzicht auf alle innerdeutschen Flüge.
In den Städten würde ein Tempolimit von 30 Stundenkilometern nicht nur CO_2 sparen und Lärm verringern, sondern die Städte auch sicherer für alle Verkehrsteilnehmer machen.

AUF DER AUTOBAHN WILL ICH SELBST DAS TEMPO BESTIMMEN!

DIE MEISTEN UNFÄLLE PASSIEREN IN DER STADT!

UND DIE GEFÄHRLICHSTEN AUF DER LANDSTRAßE!

Schon jetzt gibt es verkehrsberuhigte Zonen, in denen Autos Schritttempo fahren müssen, damit Fußgänger in Ruhe spazieren gehen und Kinder auf der Straße spielen können. Wenn man selbst nicht in einer solchen Zone wohnt, kann man eine zeitweise für den Autoverkehr gesperrte Spielstraße einrichten.

BEANTRAGEN EINER TEMPORÄREN SPIELSTRAßE

Menschen begeistern. Mit einer Unterschriftenliste aus der Nachbarschaft kann man der Stadt zeigen, dass sich sehr viele Leute eine Spielstraße wünschen.

Standort auswählen. Am besten eignen sich wenig befahrene Nebenstraßen.

Bei der Stadt einen Antrag mit allen wichtigen Informationen einreichen.

Spielzeug, Kaffee und Kuchen, Campingstühle usw. besorgen, um die Spielstraße richtig gemütlich zu machen.

TECHNISCHE ENTWICKLUNGEN KÖNNEN DEN VERKEHR VERÄNDERN. Kann man sich Autos nicht teilen oder anders zum Ziel kommen? Darüber machen sich Verkehrsexperten schon seit einiger Zeit Gedanken. In vielen Städten werden zum Beispiel Autos zum Leihen angeboten. Man kann eines benutzen, wenn man es gerade braucht, und danach wieder abstellen. Dann kann die nächste Person das Auto ausleihen. Solche Systeme gibt es auch für Fahrräder oder Elektroroller.
Wenn verschiedene Verkehrsmittel gut miteinander kombiniert werden, könnten zukünftig mehr Menschen auf ein eigenes Auto verzichten.
Das kann so funktionieren:

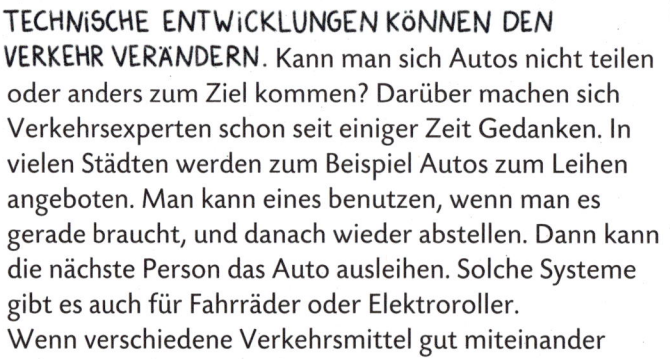

Man gibt sein Ziel in eine App ein. Diese zeigt den schnellsten Weg, welches Verkehrsmittel man dafür benutzen kann und wo es zu finden ist.

Mit der App leiht man sich zum Beispiel ein Fahrrad, um zur U-Bahn-Station zu kommen.

Dann geht es mit der U-Bahn einige Stationen weiter.

In Zukunft werden viele Autos und öffentliche Verkehrsmittel von ganz alleine durch unsere Straßen rollen, sagen Forscher. In einigen Orten und auf kleineren, festgelegten Strecken gibt es schon jetzt selbstfahrende Busse.

Beim autonomen Fahren lenkt das Fahrzeug sich selbst.

Sensoren sind die Augen und Ohren des Fahrzeugs. Mithilfe von Schallwellen tasten sie ihre Umgebung ab.

Das Fahrzeug erkennt Hindernisse und weicht aus oder bremst. Viel schneller, als ein Mensch das könnte.

Die Informationen über die Umgebung laufen im Auto in einem Computer zusammen, der die Lenkung oder die Bremsen und das Gas entsprechend steuert.

Der Computer empfängt eine Menge aktuelle Daten. Etwa Verkehrsmeldungen, Informationen von anderen Fahrzeugen oder Ampeln. Damit errechnet er immer den sichersten und schnellsten Weg und das ideale Tempo. So können nicht nur Unfälle und Staus vermieden, sondern auch Schadstoffe und CO_2 gespart werden.

Wenn wir etwas brauchen, müssen wir nicht mehr in die Stadt fahren. Wir können alles von zu Hause aus bestellen und bis an die Tür liefern lassen, künftig sogar von ferngesteuerten Drohnen. So kann jeder Wege sparen. Andererseits kann man sich die Dinge, die man kaufen möchte, nicht wie im Geschäft sofort ansehen. Deshalb werden in Deutschland Tag für Tag über 800 000 Pakete wieder zurückgeschickt. Die zurückgeschickten Produkte werfen manche Firmen einfach weg. All das verursacht riesige Mengen an CO_2 und Abfall.

Bei manchen Unternehmen kann man bei der Bestellung freiwillig ein bisschen mehr zahlen. Von diesem CO_2-Ausgleich werden dann zum Beispiel Bäume gepflanzt. Um das CO_2, das jetzt entsteht, aus der Luft zu filtern, müssen Bäume aber viele, viele Jahre wachsen.

WIR WERDEN UNS AUCH IN ZUKUNFT BEWEGEN. Denn obwohl man viele Dinge wie Einkaufen, Schule oder Arbeit durch das Internet einfach von zu Hause aus machen kann, möchte man Freunde treffen, die Welt sehen, einfach draußen und unterwegs sein.

Da es auf den Straßen immer voller wird, könnten die Autos in Zukunft abheben. Schon jetzt wird an solchen Flugtaxis getüftelt. Sie sehen aus wie kleine Hubschrauber und haben Elektromotoren. Das Flugtaxi könnte per Smartphone gebucht werden und dort landen, wo wir es brauchen.

Auch mit öffentlichen Verkehrsmitteln wird man über Staus und Ampelschlangen hinwegschweben können. Um die Straßen zu entlasten, bauen einige Städte schon jetzt Seilbahnen. Und in China zeigt eine Magnetschwebebahn bereits seit einigen Jahren, wie man den Raum über den Straßen nutzen kann, um stressfrei ans Ziel zu gelangen.

Schneller, sicherer und leiser sollen sie sein, die Verkehrsmittel der Zukunft. Und, ganz wichtig: umweltfreundlich. Damit die Erde, auf der wir uns bewegen, lebenswert bleibt.

Mutig die Welt verstehen mit unseren Sachbüchern:

Kristina Scharmacher-Schreiber / Stephanie Marian

Wie viel wärmer ist 1 Grad?
Was beim Klimawandel passiert

Beltz & Gelberg (75469)
Gebunden, 96 Seiten

Deutsch-Französischer Jugendliteraturpreis 2020
Gustav-Heinemann-Friedenspreis für Kinder- und Jugendbücher 2020
Wissenschaftsbuch des Jahres 2020, Kategorie Junior-Wissen

Christina Steinlein / Mieke Scheier

Ohne Wasser geht nichts
Alles über den wichtigsten Stoff der Welt

Beltz & Gelberg (75565)
Gebunden, 96 Seiten

»Eindringlich, lehrreich und spannend! Einfach gelungen!«
Deutsche Akademie für Kinder- und Jugendliteratur

Christina Steinlein / Anne Becker

Die ganze Welt steckt voller Energie
Alles über die Kraft, die uns antreibt

Beltz & Gelberg (75610)
Gebunden, 96 Seiten

Gerda Raidt

Müll
Alles über die lästigste Sache der Welt

Beltz & Gelberg (81215)
Gebunden, 96 Seiten

»Klar und übersichtlich aufgebaut, sieht man hier sehr schön, dass das eigene Vermüllungsverhalten globale Folgen hat. Sehr empfehlenswert!« 1001 Buch

Gerda Raidt

Das ist auch meine Welt
Wie können wir sie besser machen?

Beltz & Gelberg (75857)
Gebunden, 112 Seiten

»Ein großartiges Sachbuch, das gelungen Thema, Text und Illustration verbindet.« Jury »Umwelt-Buchtipp des Monats«, Deutsche Akademie für Kinder- und Jugendliteratur, Mai 2021

www.beltz.de